Guten Morgen, Littelbit

Gedichtchen-Geschichtchen
von Jörg Hilbert

Stadtbücherei Tübingen

Nonnengasse 19
72070 Tübingen

Guten Morgen, Littelbit

Gedichtchen-Geschichtchen
von Jörg Hilbert

Das ist Littelbit

Das ist Littelbit, genau:
ganz schön groß und ziemlich schlau,
meist mit fröhlichem Gesicht,
meistens lieb (nur manchmal nicht),
schon mal traurig, doch auch froh,
einmal so halt und mal so –
das ist Littelbit.

Guten Morgen, Littelbit

Littelbit schläft gern bis spät.
Deshalb hat sie ein Gerät,
welches für das müde Kind
aufspringt und den Tag beginnt.

Husch, schon ist der Apparat
aus dem Zimmer und im Bad,
und er wäscht sich, dass es schäumt,
während Littelbit noch träumt.

Zähne putzen? Kein Problem!
Die Maschine macht's bequem,
während nach wie vor vergnügt
Littelbit im Bette liegt.

Erst wenn das Gerät ganz sacht
unter ihr das Bettchen macht,
streckt die Littelbit sich aus,
kriecht mit einem Gähnen raus,
schlurft davon mit müdem Schritt –
Guten Morgen, Littelbit!

Ein unheimlicher Besucher

Littelbit ist schrecklich mutig!
Angst ist ihr ganz unbekannt.
Außer gerad – denn gerade sitzt
ein dicker Falter an der Wand.

Und zwar nicht ein hübscher kleiner,
voller bunter Farbenpracht –
er hat große breite Fühler
und ist dunkel wie die Nacht!

Huch, der ist bestimmt gefährlich!
Höchstwahrscheinlich jedenfalls.
Und da fliegt er auch schon los,
der Littelbit um Kopf und Hals.

Flügel streifen ihr Gesicht –
Hilfe, Hilfe, friss mich nicht!
Doch schon schwebt der Flattergraus
aus dem Fenster und hinaus.
Littelbit jedoch sagt: Puh!
Und macht schnell das Fenster zu.

Auf einem stillen Örtchen

Auf einem stillen Örtchen
sitzt Littelbit so da,
betrachtet den Rasierer
und denkt an den Papa.

Wie kann das sein? Ihm wachsen
die Haare im Gesicht
und auch aus seiner Nase –
nur auf dem Kopf, dort nicht.

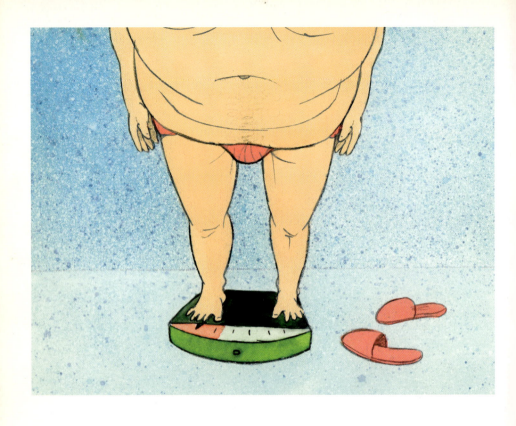

Wie macht er wohl die Falten
mit seinem Vorderbauch?
Und sich einmal rasieren – ja,
das will sie nämlich auch!

Bald ist sie selbst erwachsen!
Dann legt sie sich 'nen Schlips
und einen Bart wie Papa zu,
'ne Katze und 'nen Kakadu
und eine Tüte Chips.

Littelbit sucht Streit

Littelbit will heute streiten.
Fragt sich bloß mit wem?
Nicht mit mir, sagt Mama, frag den
Papa, streit mit dem.

Doch Papa hat sich versteckt
und Teddy sieht gerad fern
(außerdem ist Teddy lieb
und streitet nicht so gern).

Hat denn keiner hier im Haus
mal ein bisschen Zeit
für die arme Littelbit
und 'nen kleinen Streit?

Nein, sie denken nur an sich,
schimpft Littelbit und schnaubt.
Und aus Rache räumt sie drauf
erbarmungslos ihr Zimmer auf –
aus Trotz und überhaupt!

Der Nasenbohrer

Der Nasenbohrer ist ein Tier,
das viele Dinge kann.
Es ist bei Littelbit direkt
am Zeigefinger dran.

Sie klappt ihn ein, sie klappt ihn aus,
ganz wie es ihr beliebt,
wenn's irgendwas zu zeigen, drücken
oder kratzen gibt.

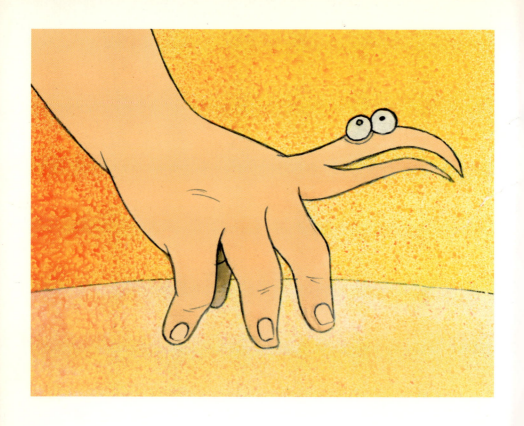

Schon praktisch, dieses Fingertier,
das findet Littelbit,
zumal sein größter Vorteil ist:
Sie hat es immer mit!

Denn wenn sie einmal Hilfe braucht,
dann guckt sie ihn nur an –
schon klappt der Zeigefinger aus,
der Nasenbohrer kommt heraus
und hilft ihr, wo er kann.

Littelbit will noch was

Littelbit ist gar nicht müde!
Gute Nacht, sagt die Mama.
Nein, sie will jetzt noch nicht schlafen!
Gute Nacht, seufzt auch Papa.

Auf dem Flur verklingt ihr Schritt –
im Bett ist's warm und weich.
Plötzlich fällt's ihr wieder ein:
Teddy muss noch mit hinein!
Doch dann schläft sie gleich.
Träum was Schönes, Littlebit!

Jörg Hilbert
veröffentlichte als Autor und Illustrator zahlreiche Bücher, darunter Musikcartoons, Bilderbücher, Gedichtbände, Erzählungen und musikpädagogische Ausgaben. Bekannt wurde er vor allem durch seine *Ritter Rost* Kinderbuchmusicals (Musik: Felix Janosa, Terzio Verlag). Zusammen mit dem Jugend-Schachtrainer Björn Lengwenus hat er ferner die international erfolgreiche Kindersoftware *Fritz & Fertig – Schach lernen für Kinder* entwickelt (Terzio Verlag). Inzwischen gibt es das international vielfach ausgezeichnete Lernkonzept auch als Buch. Jörg Hilbert ist mit einer Pianistin verheiratet, hat zwei Kinder, ist entfernt mit Joachim Ringelnatz verwandt und lebt im Ruhrgebiet.

edition quinto bei Terzio
© Möllers & Bellinghausen Verlag GmbH, München 2007
1. Auflage 2007
Text, Illustrationen und Gestaltung: Jörg Hilbert
Printed in Austria
ISBN 978-3-89835-863-7
www.terzio.de

Mehr von Littelbit bei edition quinto

Jörg Hilbert
Littelbit verkleidet sich
ISBN 978-3-89835-864-
ab 4 Jahre

Das mag Littelbit, jawohl.
Sich verkleiden find't sie toll.
Auch sich schminken mag sie sehr,
Glitzernagellack noch mehr
und zum Schluss auf das Kostüm
noch ganz furchtbar viel Parfüm –
das mag Littelbit.